La energía

Calor, luz y combustible

por Darlene R. Stille

ilustrado por Sheree Boyd

Traducción: Sol Robledo

Agradecemos a nuestros asesores por su pericia:

Paul Ohmann, Ph.D., Profesor Adjunto de Física
University of St. Thomas, St. Paul, Minnesota

Susan Kesselring, M.A., Alfabetizadora
Rosemount-Apple Valley-Eagan (Minnesota) School District

PICTURE WINDOW BOOKS
Minneapolis, Minnesota

Dirección editorial: Bob Temple
Dirección creativa: Terri Foley
Redacción: Nadia Higgins
Asesoría editorial: Andrea Cascardi
Corrección de pruebas: Laurie Kahn
Diseño: John Moldstad
Composición: Picture Window Books
Las ilustraciones de este libro se crearon con medios digitales.
Traducción y composición: Spanish Educational Publishing, Ltd.
Coordinación de la edición en español: Jennifer Gillis/Haw River Editorial

Picture Window Books
5115 Excelsior Boulevard
Suite 232
Minneapolis, MN 55416
1-877-845-8392
www.picturewindowbooks.com

Library of Congress Cataloging-in-Publication Data
Stille, Darlene R.
[Energy. Spanish]
La energía : calor, luz y combustible / por Darlene R. Stille ;
ilustrado por Sheree Boyd ; traducción, Sol Robledo.
p. cm. — (Ciencia asombrosa)
Includes bibliographical references and index.
ISBN-13: 978-1-4048-3213-8 (library binding)
ISBN-10: 1-4048-3213-0 (library binding)
ISBN-13: 978-1-4048-2501-7 (paperback)
ISBN-10: 1-4048-2501-0 (paperback)
1. Force and energy—Juvenile literature. 2. Power resources—
Juvenile literature.
I. Boyd, Sheree, ill. II. Title.
QC73.4.S7518 2007
531'.6—dc22   2006027172

Contenido

La energía hace muchas cosas

En la mañana estiras los brazos y te levantas de la cama. Estás llena de energía. ¡Usas esa energía para hacer cosas!

4

La energía hace muchas cosas. Existen muchas formas de energía. La energía calienta tu casa y prende las lámparas. También mueve los carros y los autobuses.

¿Cómo funciona la energía?

A veces la energía está almacenada dentro de algo. Está lista para cuando la necesites. Prepárate para lanzar una pelota. Estira el brazo hacia atrás. Tu brazo tiene energía almacenada.

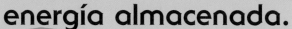

Mueve el brazo y suelta la pelota.
Ahora tu brazo usó la energía
almacenada.

Es hora de desayunar. Comes cereal
y tomas un vaso de jugo de naranja.

El cereal y el jugo tienen energía almacenada.
La energía de la comida se llama energía química.

DATO CURIOSO

La energía química de las pilas sirve para prender una linterna.
La energía química de la gasolina sirve para mover un carro.

Tu cuerpo se encarga de dividir la comida. La comida libera la energía que usas para subirte al autobús, jugar baloncesto y hacer todo lo demás durante el día. La energía del movimiento es energía cinética.

La energía cambia de forma. Tu cuerpo cambia la energía química de la comida a energía cinética.

DATO CURIOSO

Frota las manos rápidamente. ¿Qué pasa? Se calientan. Usaste la energía cinética para crear energía calórica.

¿De dónde viene la energía?

Camina por el parque en un día soleado.
Mira cómo brillan las flores. Siente lo caliente
que está la banca del parque.

La energía del Sol llena el día de luz y calor.
La mayoría de la energía de la Tierra viene
del Sol. Se llama energía solar.

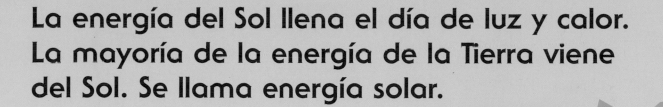

DATO CURIOSO

Algunas personas ponen paneles
grandes y brillantes en los techos de
las casas. Esos paneles convierten la
energía solar en energía calórica para
calentar los hogares.

El agua de un río cae por un acantilado. Forma una cascada hermosa. El agua que cae tiene energía.

Construimos presas en los ríos para hacer cascadas. La energía del agua que cae sobre la presa se usa para generar energía eléctrica. La energía eléctrica prende las lámparas y el televisor, el aire acondicionado y el refrigerador.

DATO CURIOSO

La energía del viento hace girar los molinos de viento. En el pasado, los molinos de viento molían el maíz. Hoy producen electricidad.

Una fogata se hace quemando leña. La leña es un combustible. La quema de combustibles produce energía.

El carbón, el petróleo y el gas natural también son combustibles. Se llaman combustibles fósiles. Vienen de plantas y animales que vivieron antes que los dinosaurios.

La gasolina viene del petróleo. Cada vez que viajas en carro, usas combustible fósil. La mayoría de las personas usan combustibles fósiles para calentar sus hogares. Muchas centrales eléctricas queman combustibles fósiles para hacer electricidad.

Los combustibles fósiles se están acabando. Un día ya no habrá más. Tendremos que encontrar otras formas de mover los carros y de calentar los hogares.

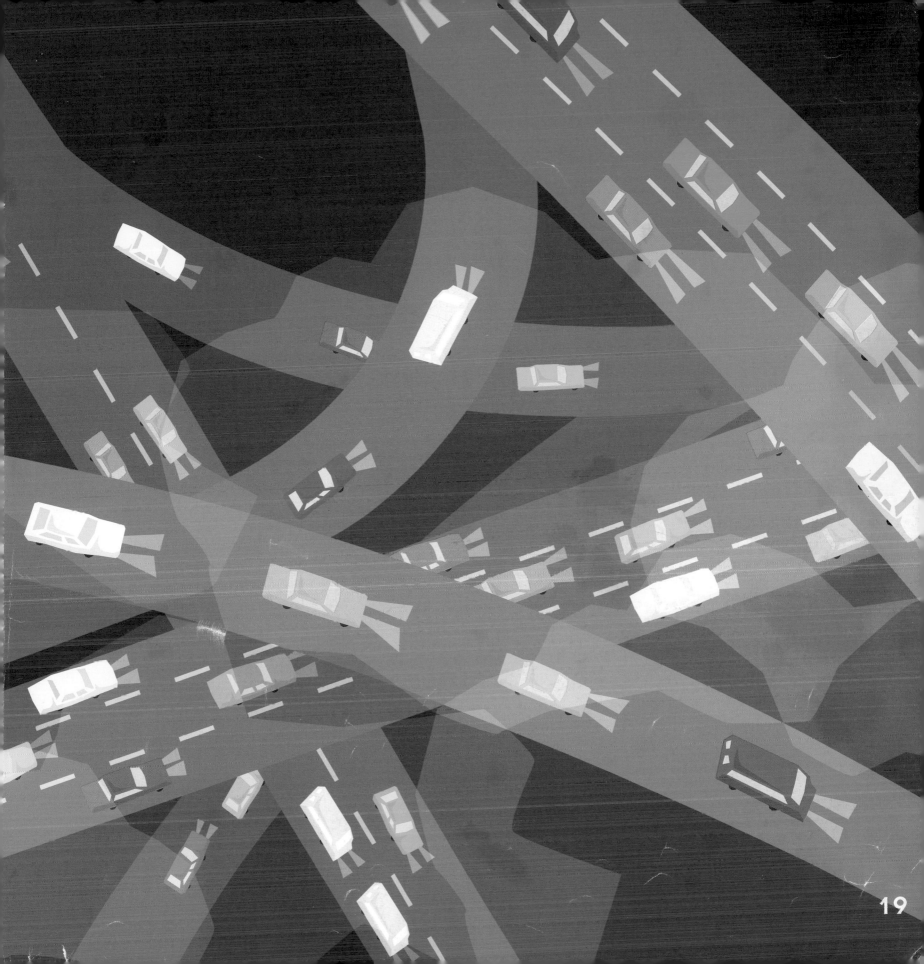

Ahorremos energía

Tú puedes ayudar a ahorrar los combustibles fósiles. Viaja en autobús en vez de viajar en carro. Ponte un suéter en vez de prender la calefacción. Apaga las luces cuando no las uses.

Estos pequeños cambios pueden ahorrar energía.

Haz un molinete

Materiales:
una hoja cuadrada de cartulina
tijeras
una regla
un lápiz con punta y borrador
un alfiler

Pasos:

1. La cartulina debe ser cuadrada. Si es rectangular, toma una esquina y júntala con la esquina contraria. Dóblala. Ahora corta el pedazo que queda fuera del triángulo.

2. Dibuja dos líneas diagonales a lo largo del papel con la regla y el lápiz. Dibuja cada línea de esquina a esquina. Formarán una X.

3. Haz un agujerito con la punta del lápiz donde se cruzan las dos líneas.

4. Corta las líneas con las tijeras, pero no cortes hasta el centro. Para de cortar 1 pulgada (2½ centímetros) antes de llegar al centro. Te quedan cuatro triángulos.

5. Toma la esquina izquierda de un triángulo. Dóblala con cuidado hacia el centro del papel. Cuida que no se arrugue. Haz lo mismo con los otros tres triángulos.

6. Ahora te tiene que ayudar un adulto. Pasen el alfiler por las cuatro esquinas en el centro. Cuida de no picarte.

7. Deja el lápiz sobre la mesa. Mete el alfiler en el borrador. Haz hecho un molinete.

Sostén el molinete con el lápiz. Sopla para crear aire.
¿Qué pasa?
¿Ves cómo la energía hace girar tu molinete?

Sobre el combustible

Los primeros fuegos
Los seres humanos aprendimos a hacer fuego hace un millón y medio de años. El fuego nos da energía. En aquel tiempo aprendieron a usar el fuego para cocinar y calentarse.

Rocas calientes
Las rocas calientes que hay en el fondo de la Tierra producen energía. Las rocas calientan el agua subterránea. El agua se vuelve vapor. Ese vapor se lleva por tuberías a una central eléctrica. El vapor echa a andar máquinas que producen electricidad.

Olas de energía
La energía lleva el sonido y las imágenes a tu televisor. El sonido y las imágenes viajan a través del aire en olas de energía invisible.

Plástico y ropa
El petróleo se saca del suelo en pozos profundos. Luego se convierte en muchas cosas, como gasolina, combustible para calefacción, plástico y ropa. Tal vez tengas puesto algo hecho de petróleo.

Mucho carbón
El carbón es el combustible fósil más abundante del planeta. Aún tenemos suficiente carbón para que nos dure 200 años.

Glosario

carbón—roca café o negra que se puede quemar

central eléctrica—lugar donde se produce electricidad para ciudades o regiones

combustible—todo lo que se puede quemar para dar energía

energía cinética—energía del movimiento

energía química—energía almacenada dentro de la comida y otras sustancias. La energía química se libera cuando las sustancias se dividen.

gas natural—gas de la Tierra que se puede quemar

petróleo—líquido café o negro espeso que está en la profundidad de la Tierra

presa—muro de tierra, rocas o cemento a través de un río para que el agua no pase. Las presas forman cascadas.

Aprende más

En la biblioteca

Cantoni, Norma. *La energía: Aventuras con la ciencia.* España: Albatros, 1996.

Gordon, Maria. Calor. *España:* Edelvives, 1995.

Whitehouse, Patricia. *Calentar.* Chicago: Heinemann Library, 2005.

En la red

FactHound ofrece un medio divertido y confiable de buscar portales de la red relacionados con este libro. Nuestros expertos investigan todos los portales que listamos en FactHound.

1. Visite *www.facthound.com*
2. Escriba una palabra relacionada con este libro o escriba este código: 1404802495
3. Oprima el botón FETCH IT.

¡FactHound, su buscador de confianza, le dará una lista de los mejores portales!

Busca más libros de la serie Ciencia asombrosa:

El agua: Arriba, abajo y en todos lados
El aire: Afuera, adentro y en todos lados
El movimiento: Tira y empuja, rápido y despacio
El sonido: Fuerte, suave, alto y bajo
El suelo: Tierra y arena
Imanes: Atraen y rechazan
La electricidad: Focos, pilas y chispas
La luz: Sombras, espejos y arco iris
La materia: Mira, toca, prueba, huele
La temperatura: Caliente y frío
Las rocas: Duras, blandas, lisas y ásperas

Índice